TO MY TEACHER

YEAR VIEW

SEPTEMBER	OCTOBER	NOVEMBER

DECEMBER	JANUARY	FEBRUARY

MARCH	APRIL	MAY

JUNE	JULY	AUGUST

TIMETABLE

	MONDAY	TUESDAY	WEDNESDAY	THURSDAY	FRIDAY
1					
2					
3					
4					
5					
6					

TIMETABLE

	MONDAY	TUESDAY	WEDNESDAY	THURSDAY	FRIDAY
1					
2					
3					
4					
5					
6					

TO DO LIST

TO DO LIST

TO DO LIST

LESSON PLAN

Date/Time **Subject-topic** **Year group**

Learning Objective

_____
_____
_____
_____
_____

Tasks

_____
_____
_____
_____
_____
_____
_____
_____
_____
_____
_____
_____

Homework

_____
_____
_____
_____
_____
_____

Materials

_____
_____
_____
_____
_____

LESSON PLAN

Date/Time **Subject-topic** **Year group**

Learning Objective

_____
_____
_____
_____
_____

Tasks

_____
_____
_____
_____
_____
_____
_____
_____
_____
_____
_____
_____
_____

Homework   **Material**

_____   _____
_____   _____
_____   _____
_____   _____
_____   _____

LESSON PLAN

Date/Time **Subject-topic** **Year group**

Learning Objective

_____
_____
_____
_____

Tasks

_____
_____
_____
_____
_____
_____
_____
_____
_____
_____

Homework **Materials**

_____ _____
_____ _____
_____ _____
_____ _____
_____ _____

LESSON PLAN

Date/Time   **Subject-topic**   **Year group**

Learning Objective

Tasks

Homework   **Material**

LESSON PLAN

Date/Time   **Subject-topic**   **Year group**

Learning Objective

Tasks

Homework

Materials

LESSON PLAN

Date/Time   **Subject-topic**   **Year group**

Learning Objective

_____
_____
_____
_____
_____

Tasks

_____
_____
_____
_____
_____
_____
_____
_____
_____
_____
_____
_____
_____

Homework   **Material**

_____   _____
_____   _____
_____   _____
_____   _____
_____   _____

LESSON PLAN

Date/Time   **Subject-topic**   **Year group**

Learning Objective

_____
_____
_____
_____
_____

Tasks

_____
_____
_____
_____
_____
_____
_____
_____
_____
_____
_____
_____
_____

Homework

_____
_____
_____
_____
_____

Materials

_____
_____
_____
_____
_____

LESSON PLAN

Date/Time **Subject-topic** **Year group**

Learning Objective

_____
_____
_____
_____
_____

Tasks

_____
_____
_____
_____
_____
_____
_____
_____
_____
_____
_____
_____
_____

Homework **Material**

_____ _____
_____ _____
_____ _____
_____ _____
_____ _____

LESSON PLAN

Date/Time   **Subject-topic**   **Year group**

Learning Objective

Tasks

Homework   ## Materials

LESSON PLAN

Date/Time **Subject-topic** **Year group**

Learning Objective

_____
_____
_____
_____
_____

Tasks

_____
_____
_____
_____
_____
_____
_____
_____
_____
_____
_____

Homework **Material**

_____ _____
_____ _____
_____ _____
_____ _____
_____ _____
_____ _____

LESSON PLAN

Date/Time   **Subject-topic**   **Year group**

Learning Objective

_____
_____
_____
_____

Tasks

_____
_____
_____
_____
_____
_____
_____
_____
_____
_____
_____
_____

Homework   ## Materials

_____   _____
_____   _____
_____   _____
_____   _____
_____   _____

LESSON PLAN

Date/Time   **Subject-topic**   **Year group**

Learning Objective

_____
_____
_____
_____
_____

Tasks

_____
_____
_____
_____
_____
_____
_____
_____
_____
_____
_____

Homework   ## Material

_____   _____
_____   _____
_____   _____
_____   _____
_____   _____

LESSON PLAN

Date/Time   **Subject-topic**   **Year group**

Learning Objective

Tasks

Homework   **Materials**

LESSON PLAN

Date/Time   **Subject-topic**   **Year group**

Learning Objective

Tasks

Homework

Material

LESSON PLAN

Date/Time **Subject-topic** **Year group**

Learning Objective

_____
_____
_____
_____

Tasks

_____
_____
_____
_____
_____
_____
_____
_____
_____
_____
_____
_____
_____
_____

Homework **Materials**

_____ _____
_____ _____
_____ _____
_____ _____
_____ _____
_____ _____

LESSON PLAN

Date/Time   **Subject-topic**   **Year group**

Learning Objective

_____
_____
_____
_____

Tasks

_____
_____
_____
_____
_____
_____
_____
_____
_____
_____
_____
_____
_____

Homework   **Material**

_____   _____
_____   _____
_____   _____
_____   _____
_____   _____

LESSON PLAN

Date/Time   **Subject-topic**   **Year group**

Learning Objective

Tasks

Homework   ## Materials

LESSON PLAN

Date/Time   **Subject-topic**   **Year group**

Learning Objective

Tasks

Homework   **Material**

LESSON PLAN

Date/Time   **Subject-topic**   **Year group**

Learning Objective

_____
_____
_____
_____

Tasks

_____
_____
_____
_____
_____
_____
_____
_____
_____
_____
_____
_____

Homework   **Materials**

_____   _____
_____   _____
_____   _____
_____   _____
_____   _____

LESSON PLAN

Date/Time   **Subject-topic**   **Year group**

Learning Objective

_____
_____
_____
_____

Tasks

_____
_____
_____
_____
_____
_____
_____
_____
_____
_____
_____
_____
_____
_____
_____

Homework   **Material**

_____   _____
_____   _____
_____   _____
_____   _____
_____   _____
_____   _____

LESSON PLAN

Date/Time

Subject-topic

Year group

Learning Objective

Tasks

Homework

Materials

LESSON PLAN

Date/Time   **Subject-topic**   **Year group**

Learning Objective

_____
_____
_____
_____

Tasks

_____
_____
_____
_____
_____
_____
_____
_____
_____
_____

Homework   **Material**

_____   _____
_____   _____
_____   _____
_____   _____
_____   _____

LESSON PLAN

Date/Time   **Subject-topic**   **Year group**

Learning Objective

Tasks

Homework   ## Materials

LESSON PLAN

Date/Time   **Subject-topic**   **Year group**

Learning Objective

Tasks

Homework   **Material**

LESSON PLAN

Date/Time   **Subject-topic**   **Year group**

Learning Objective

_____
_____
_____
_____
_____

Tasks

_____
_____
_____
_____
_____
_____
_____
_____
_____
_____
_____
_____

Homework   **Materials**

_____   _____
_____   _____
_____   _____
_____   _____
_____   _____
_____   _____

LESSON PLAN

Date/Time   **Subject-topic**   **Year group**

Learning Objective

_____
_____
_____
_____

Tasks

_____
_____
_____
_____
_____
_____
_____
_____
_____
_____
_____
_____

Homework   **Material**

_____   _____
_____   _____
_____   _____
_____   _____
_____   _____

LESSON PLAN

Date/Time   **Subject-topic**   **Year group**

Learning Objective

_____
_____
_____
_____

Tasks

_____
_____
_____
_____
_____
_____
_____
_____
_____
_____
_____
_____
_____
_____

Homework   ## Materials

_____   _____
_____   _____
_____   _____
_____   _____
_____   _____
_____   _____

LESSON PLAN

Date/Time **Subject-topic** **Year group**

Learning Objective

Tasks

Homework

Material

LESSON PLAN

Date/Time   **Subject-topic**   **Year group**

Learning Objective

_____
_____
_____
_____

Tasks

_____
_____
_____
_____
_____
_____
_____
_____
_____
_____
_____
_____
_____
_____

Homework   ## Materials

_____
_____
_____
_____
_____

LESSON PLAN

Date/Time   **Subject-topic**   **Year group**

Learning Objective

_____
_____
_____
_____

Tasks

_____
_____
_____
_____
_____
_____
_____
_____
_____
_____

Homework   **Material**

_____   _____
_____   _____
_____   _____
_____   _____
_____   _____

LESSON PLAN

Date/Time **Subject-topic** **Year group**

Learning Objective

Tasks

Homework

Materials

LESSON PLAN

Date/Time **Subject-topic** **Year group**

Learning Objective

Tasks

Homework **Material**

LESSON PLAN

Date/Time

Subject-topic

Year group

Learning Objective

Tasks

Homework

Materials

LESSON PLAN

Date/Time **Subject-topic** **Year group**

Learning Objective

Tasks

Homework **Material**

LESSON PLAN

Date/Time   **Subject-topic**   **Year group**

Learning Objective

_____
_____
_____
_____
_____

Tasks

_____
_____
_____
_____
_____
_____
_____
_____
_____
_____
_____
_____
_____
_____

Homework   **Materials**

_____   _____
_____   _____
_____   _____
_____   _____
_____   _____

LESSON PLAN

Date/Time   **Subject-topic**   **Year group**

Learning Objective

_____
_____
_____
_____
_____

Tasks

_____
_____
_____
_____
_____
_____
_____
_____
_____
_____
_____
_____
_____

Homework   **Material**

_____   _____
_____   _____
_____   _____
_____   _____
_____   _____
_____   _____

LESSON PLAN

Date/Time   **Subject-topic**   **Year group**

Learning Objective

Tasks

Homework   **Materials**

LESSON PLAN

Date/Time   **Subject-topic**   **Year group**

Learning Objective

_____
_____
_____
_____
_____

Tasks

_____
_____
_____
_____
_____
_____
_____
_____
_____
_____
_____
_____
_____

Homework   **Material**

_____   _____
_____   _____
_____   _____
_____   _____
_____   _____

LESSON PLAN

Date/Time   **Subject-topic**   **Year group**

Learning Objective

Tasks

Homework

Materials

LESSON PLAN

Date/Time **Subject-topic** **Year group**

Learning Objective

_____
_____
_____
_____
_____

Tasks

_____
_____
_____
_____
_____
_____
_____
_____
_____
_____
_____
_____

Homework **Material**

_____ _____
_____ _____
_____ _____
_____ _____
_____ _____

LESSON PLAN

Date/Time   **Subject-topic**   **Year group**

Learning Objective

Tasks

Homework   ## Materials

LESSON PLAN

Date/Time   **Subject-topic**   **Year group**

Learning Objective

_____
_____
_____
_____

Tasks

_____
_____
_____
_____
_____
_____
_____
_____
_____
_____
_____
_____
_____
_____
_____

Homework   **Material**

_____   _____
_____   _____
_____   _____
_____   _____
_____   _____

LESSON PLAN

Date/Time   **Subject-topic**   **Year group**

Learning Objective

Tasks

Homework

Materials

LESSON PLAN

Date/Time   **Subject-topic**   **Year group**

Learning Objective

_____
_____
_____
_____

Tasks

_____
_____
_____
_____
_____
_____
_____
_____
_____
_____
_____
_____

Homework   **Material**

_____   _____
_____   _____
_____   _____
_____   _____
_____   _____

LESSON PLAN

Date/Time   **Subject-topic**   **Year group**

Learning Objective

_____
_____
_____
_____
_____

Tasks

_____
_____
_____
_____
_____
_____
_____
_____
_____
_____
_____

Homework   Materials

_____   _____
_____   _____
_____   _____
_____   _____
_____   _____

LESSON PLAN

Date/Time   **Subject-topic**   **Year group**

Learning Objective

_____
_____
_____
_____

Tasks

_____
_____
_____
_____
_____
_____
_____
_____
_____
_____
_____
_____
_____
_____

Homework   **Material**

_____   _____
_____   _____
_____   _____
_____   _____
_____   _____
_____   _____

LESSON PLAN

Date/Time **Subject-topic** **Year group**

Learning Objective

Tasks

Homework ## Materials

LESSON PLAN

Date/Time   **Subject-topic**   **Year group**

Learning Objective

Tasks

Homework   **Material**

LESSON PLAN

Date/Time   **Subject-topic**   **Year group**

Learning Objective

Tasks

Homework   ## Materials

LESSON PLAN

Date/Time **Subject-topic** **Year group**

Learning Objective

_____
_____
_____
_____
_____

Tasks

_____
_____
_____
_____
_____
_____
_____
_____
_____
_____
_____
_____

Homework **Material**

_____ _____
_____ _____
_____ _____
_____ _____
_____ _____

LESSON PLAN

Date/Time   **Subject-topic**   **Year group**

Learning Objective

Tasks

Homework   ## Materials

LESSON PLAN

Date/Time   **Subject-topic**   **Year group**

Learning Objective

_____
_____
_____
_____

Tasks

_____
_____
_____
_____
_____
_____
_____
_____
_____
_____
_____

Homework   **Material**

_____   _____
_____   _____
_____   _____
_____   _____
_____   _____

LESSON PLAN

Date/Time   **Subject-topic**   **Year group**

Learning Objective

Tasks

Homework   ## Materials

LESSON PLAN

Date/Time   **Subject-topic**   **Year group**

Learning Objective

_____
_____
_____
_____

Tasks

_____
_____
_____
_____
_____
_____
_____
_____
_____
_____
_____

Homework   **Material**

_____   _____
_____   _____
_____   _____
_____   _____
_____   _____

LESSON PLAN

Date/Time   **Subject-topic**   **Year group**

Learning Objective

_____
_____
_____
_____
_____

Tasks

_____
_____
_____
_____
_____
_____
_____
_____
_____
_____
_____
_____
_____
_____

Homework   **Materials**

_____   _____
_____   _____
_____   _____
_____   _____
_____   _____
_____   _____

LESSON PLAN

Date/Time **Subject-topic** **Year group**

Learning Objective

Tasks

Homework **Material**

LESSON PLAN

Date/Time   **Subject-topic**   **Year group**

Learning Objective

Tasks

Homework   **Material**

LESSON PLAN

Date/Time **Subject-topic** **Year group**

Learning Objective

Tasks

Homework ## Materials

LESSON PLAN

Date/Time   **Subject-topic**   **Year group**

Learning Objective

_____
_____
_____
_____

Tasks

_____
_____
_____
_____
_____
_____
_____
_____
_____
_____
_____
_____

Homework   **Material**

_____   _____
_____   _____
_____   _____
_____   _____
_____   _____

LESSON PLAN

Date/Time   **Subject-topic**   **Year group**

Learning Objective

_____
_____
_____
_____
_____

Tasks

_____
_____
_____
_____
_____
_____
_____
_____
_____
_____
_____
_____
_____
_____

Homework

_____
_____
_____
_____
_____

Materials

_____
_____
_____
_____
_____

LESSON PLAN

Date/Time   **Subject-topic**   **Year group**

Learning Objective

Tasks

Homework   **Material**

LESSON PLAN

Date/Time   **Subject-topic**   **Year group**

Learning Objective

_____
_____
_____
_____

Tasks

_____
_____
_____
_____
_____
_____
_____
_____
_____
_____
_____
_____

Homework   **Materials**

_____   _____
_____   _____
_____   _____
_____   _____
_____   _____

LESSON PLAN

Date/Time   **Subject-topic**   **Year group**

Learning Objective

_____
_____
_____
_____

Tasks

_____
_____
_____
_____
_____
_____
_____
_____
_____
_____
_____
_____
_____
_____

Homework   **Material**

_____   _____
_____   _____
_____   _____
_____   _____
_____   _____
_____   _____

LESSON PLAN

Date/Time   **Subject-topic**   **Year group**

Learning Objective

_____
_____
_____
_____
_____

Tasks

_____
_____
_____
_____
_____
_____
_____
_____
_____
_____
_____
_____
_____

Homework

_____
_____
_____
_____
_____
_____

Materials

_____
_____
_____
_____
_____
_____

LESSON PLAN

Date/Time   **Subject-topic**   **Year group**

Learning Objective

Tasks

Homework

Material

LESSON PLAN

Date/Time   **Subject-topic**   **Year group**

Learning Objective

Tasks

Homework   ## Materials

LESSON PLAN

Date/Time   **Subject-topic**   **Year group**

Learning Objective

_____
_____
_____
_____

Tasks

_____
_____
_____
_____
_____
_____
_____
_____
_____
_____
_____
_____
_____

Homework   **Material**

_____   _____
_____   _____
_____   _____
_____   _____
_____   _____

LESSON PLAN

Date/Time	Subject-topic	Year group

Learning Objective

Tasks

Homework	Material

LESSON PLAN

Date/Time   **Subject-topic**   **Year group**

Learning Objective

_____
_____
_____
_____
_____

Tasks

_____
_____
_____
_____
_____
_____
_____
_____
_____
_____
_____

Homework   **Materials**

_____ | _____
_____ | _____
_____ | _____
_____ | _____
_____ | _____

LESSON PLAN

Date/Time   **Subject-topic**   **Year group**

Learning Objective

_____
_____
_____
_____
_____

Tasks

_____
_____
_____
_____
_____
_____
_____
_____
_____
_____
_____

Homework   **Material**

_____   _____
_____   _____
_____   _____
_____   _____
_____   _____
_____   _____

LESSON PLAN

Date/Time **Subject-topic** **Year group**

Learning Objective

Tasks

Homework

Materials

LESSON PLAN

Date/Time   **Subject-topic**   **Year group**

Learning Objective

_____
_____
_____
_____

Tasks

_____
_____
_____
_____
_____
_____
_____
_____
_____
_____
_____
_____

Homework   **Material**

_____   _____
_____   _____
_____   _____
_____   _____
_____   _____

LESSON PLAN

Date/Time **Subject-topic** **Year group**

Learning Objective

Tasks

Homework

Materials

LESSON PLAN

Date/Time   **Subject-topic**   **Year group**

Learning Objective

_____
_____
_____
_____
_____

Tasks

_____
_____
_____
_____
_____
_____
_____
_____
_____
_____
_____
_____
_____
_____

Homework   **Material**

_____   _____
_____   _____
_____   _____
_____   _____
_____   _____

LESSON PLAN

Date/Time **Subject-topic** **Year group**

Learning Objective

Tasks

Homework

Materials

LESSON PLAN

Date/Time **Subject-topic** **Year group**

Learning Objective

Tasks

Homework **Material**

LESSON PLAN

Date/Time **Subject-topic** **Year group**

Learning Objective

_____
_____
_____
_____
_____

Tasks

_____
_____
_____
_____
_____
_____
_____
_____
_____
_____
_____

Homework **Materials**

_____ _____
_____ _____
_____ _____
_____ _____
_____ _____

LESSON PLAN

Date/Time **Subject-topic** **Year group**

Learning Objective

_____

_____

_____

_____

Tasks

_____

_____

_____

_____

_____

_____

_____

_____

_____

_____

_____

_____

_____

Homework

_____

_____

_____

_____

_____

_____

Material

_____

_____

_____

_____

_____

LESSON PLAN

Date/Time   **Subject-topic**   **Year group**

Learning Objective

Tasks

Homework   **Materials**

LESSON PLAN

Date/Time   **Subject-topic**   **Year group**

Learning Objective

Tasks

Homework   **Material**

LESSON PLAN

Date/Time   **Subject-topic**   **Year group**

Learning Objective

Tasks

Homework   **Materials**

LESSON PLAN

Date/Time   **Subject-topic**   **Year group**

Learning Objective

_____
_____
_____
_____

Tasks

_____
_____
_____
_____
_____
_____
_____
_____
_____
_____
_____
_____
_____

Homework   **Material**

_____   _____
_____   _____
_____   _____
_____   _____
_____   _____

LESSON PLAN

Date/Time   **Subject-topic**   **Year group**

Learning Objective

_____
_____
_____
_____

Tasks

_____
_____
_____
_____
_____
_____
_____
_____
_____
_____
_____
_____
_____

Homework   ## Materials

_____   _____
_____   _____
_____   _____
_____   _____
_____   _____

LESSON PLAN

Date/Time   **Subject-topic**   **Year group**

Learning Objective

Tasks

Homework   **Material**

LESSON PLAN

Date/Time **Subject-topic** **Year group**

Learning Objective

Tasks

Homework

Materials

LESSON PLAN

Date/Time   **Subject-topic**   **Year group**

Learning Objective

_____
_____
_____
_____
_____

Tasks

_____
_____
_____
_____
_____
_____
_____
_____
_____
_____
_____
_____
_____
_____

Homework   **Material**

_____   _____
_____   _____
_____   _____
_____   _____
_____   _____

LESSON PLAN

Date/Time   **Subject-topic**   **Year group**

Learning Objective

Tasks

Homework   ## Materials

LESSON PLAN

Date/Time   **Subject-topic**   **Year group**

Learning Objective

_____
_____
_____
_____
_____

Tasks

_____
_____
_____
_____
_____
_____
_____
_____
_____
_____
_____
_____

Homework   **Material**

_____   _____
_____   _____
_____   _____
_____   _____
_____   _____

LESSON PLAN

Date/Time   **Subject-topic**   **Year group**

Learning Objective

_____
_____
_____
_____

Tasks

_____
_____
_____
_____
_____
_____
_____
_____
_____
_____
_____
_____

Homework   **Materials**

_____   _____
_____   _____
_____   _____
_____   _____
_____   _____

LESSON PLAN

Date/Time **Subject-topic** **Year group**

Learning Objective

Tasks

Homework **Material**

LESSON PLAN

Date/Time   **Subject-topic**   **Year group**

Learning Objective

_____
_____
_____
_____
_____

Tasks

_____
_____
_____
_____
_____
_____
_____
_____
_____
_____
_____

Homework

_____
_____
_____
_____
_____

Materials

_____
_____
_____
_____
_____

LESSON PLAN

Date/Time   **Subject-topic**   **Year group**

Learning Objective

Tasks

Homework   **Material**

LESSON PLAN

Date/Time   **Subject-topic**   **Year group**

Learning Objective

Tasks

Homework   **Materials**

LESSON PLAN

Date/Time　　　**Subject-topic**　　　**Year group**

Learning Objective

_____
_____
_____
_____

Tasks

_____
_____
_____
_____
_____
_____
_____
_____
_____
_____
_____
_____

Homework　　　　　　　　　**Material**

_____　　　_____
_____　　　_____
_____　　　_____
_____　　　_____
_____　　　_____

LESSON PLAN

Date/Time   **Subject-topic**   **Year group**

Learning Objective

_____
_____
_____
_____
_____

Tasks

_____
_____
_____
_____
_____
_____
_____
_____
_____
_____
_____
_____

Homework   ## Materials

_____   _____
_____   _____
_____   _____
_____   _____
_____   _____

LESSON PLAN

Date/Time   **Subject-topic**   **Year group**

Learning Objective

Tasks

Homework   **Material**

Printed in Great Britain
by Amazon

82703132R00081